AF305825

Vente après Décès

de

Madame CONCHA

IMPRIMERIE MAULDE et RENOU

MAULDE, DOUMENC & Cie

IMPRIMEURS DE LA COMPAGNIE DES COMMISSAIRES-PRISEURS

Rue de Rivoli, 144. — Paris

Étude de M⁰ FESSARD, Notaire à Brunoy (Seine-et-Oise)

VENTE MOBILIÈRE AUX ENCHÈRES PUBLIQUES

Après décès de M⁰⁰ CONCHA

Les 16, 17, 18, 23 et 25 Juin 1895, de 1 heure à 5 heures

AU CHATEAU DE PLESSIS-TRÉVISE

(Station de Villiers-sur-Marne)

CANTON DE BOISSY-SAINT-LÉGER (SEINE-ET-OISE)

IMPORTANT MOBILIER

ANCIEN ET MODERNE

GARNISSANT

Vestibule, Salles à manger, Salons, Chambres à coucher, Salle de Billard

ÉTOFFES ANCIENNES, MARBRES, BRONZES

Garnitures de cheminées, Porcelaines de Sèvres, de Saxe, etc.

TABLEAUX ANCIENS ET MODERNES

Miniatures, Glaces, Faïences, Objets d'art, Voitures, etc.

Par le ministère de **M⁰ FESSARD**, Notaire à Brunoy (Seine-et-Oise)

En présence de **M⁰ LEGROS**, Notaire à Boissy-St-Léger

EXPERT	ASSISTÉ DE
M. Eug. DETRIMONT	**M⁰ F. GUILLAUMERON**
à Villiers-sur-Marne	Greffier de la Justice de Paix à Boissy-St-Léger

CHEZ LESQUELS SE TROUVE LE CATALOGUE

EXPOSITION PUBLIQUE

Les Mercredi 12 et Jeudi 13 Juin 1895

DE UNE HEURE A CINQ HEURES

412

CONDITIONS DE LA VENTE

La vente sera faite expressément au comptant.

Les Acquéreurs paieront DIX POUR CENT en sus des enchères, applicables aux frais.

L'Exposition mettant le public à même de se rendre compte de l'état des objets, il ne sera admis aucune réclamation une fois l'adjudication prononcée.

S'adresser pour visiter : Sur les lieux.

POUR TOUS LES RENSEIGNEMENTS :

1° **M. Eug. DETRIMONT**, à Villiers-sur-Marne et 35, avenue de l'Opéra, à Paris ;

2° **Me F. GUILLAUMERON**, greffier à Boissy-Saint-Léger ;

3° **Me LEGROS**, notaire à Boissy-Saint-Léger ;

4° **Me FESSARD**, notaire à Brunoy.

MOYENS DE TRANSPORT

Chemin de fer de l'Est. — Station de Villiers-sur-Marne.

DÉPART DE PARIS (MATIN) :

9 h. 15, 9 h. 10, 9 h. 48 (D. F.), 10 h. 30, 11 h. 45, midi 05 (D. F.), 1 h. 10.

RETOUR DE VILLIERS-SUR-MARNE (SOIR) :

2 h. 16, 2 h. 41 (D. F), 2 h. 56 (D. F.), 4 h. 11, 4 h. 53, 5 h.   ,
6 h., 6 h. 51, 7 h. 27, 7 h. 51, 9 h. 16.

MAULDE, DOUMENC et Cie, imprimeurs de la Cie des Commissaires-Priseurs, rue de Rivoli, 144.   900—51278

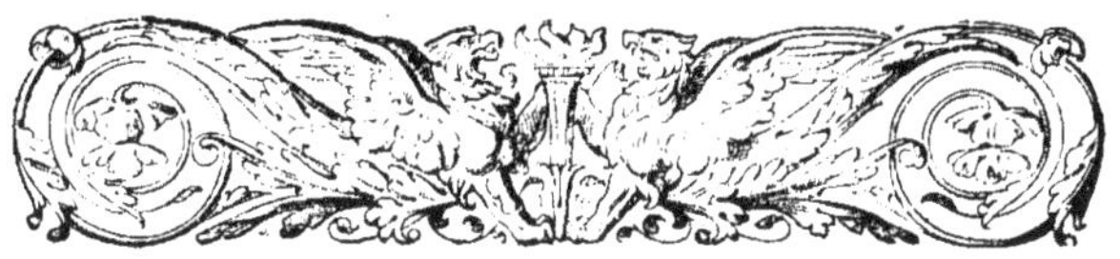

DÉSIGNATION

VESTIBULE

1 — Une Horloge Louis XIII.

2 — Un Buste en marbre.

3 — Une Statuette en marbre : Vierge.

4 — Une Statue en marbre : Plébiscite.

5 — Une Statue en marbre : Enfant tendant les bras.

6 — Un Groupe en marbre : La Charité.

7 — Un Groupe en marbre : Les Trois Grâces tenant une corbeille de fleurs.

8 — Deux Lanternes et Supports.

9 — Deux Jardinières en chêne sculpté, plaques faïence décorée.

10 — Deux Jardinières en porcelaine de Chine décorée, sur pied bois noir.

11 — Un Baromètre hollandais.

12 — Une Gaine en marbre bleu.

13 — Deux Colonnes en marbre noir.

14 — Quatre Socles en bois, recouverts en peluche

15 — Deux Supports en bois sculpté : Nègres.

16 — Trois Tableaux, faïence de Perse.

17 — Deux Colonnes en onyx et porphyre.

18 — Une Pendule religieuse en bois sculpté.

19 — Une Statue en marbre : Enfant faisant les cornes.

20 — Une Statue en marbre : Le Pape Clément XIII.

21 — Un Grand Vase, faïence décorée italienne.

22 — Deux Statues, terre cuite : L'Automne et l'Hiver.

23 — Un Sujet, terre cuite : L'Amour.

24 — Une Statue en marbre : Minerve.

25 — Une Statue en marbre : Vénus. (Attribuée à Pradier.)

26 — Une Statue en marbre : Poésie lyrique.

27 — Un grand Meuble portugais, marqueterie ivoire.

28 — Une Statue en bronze de Barbedienne : Voltaire.

29 — Un Grand Meuble, bois sculpté (Hollandais).

30 — Un Vase en marbre de couleur sur sa colonne.

31 — Deux Jardinières en carton doré.

32 — Un Nègre, statue en bois avec décors.

33 — Deux grands Vases en terre cuite ancienne avec leurs supports.

34 — Une Statue en bronze : Gutenberg.

35 — Une Statue en bronze : Benvenuto Cellini.

36 — Une Terre cuite : Joueur d'accordéon.

37 — Un Vase en faïence décorée.

38 — Deux Porte-Manteaux avec glaces biseautées.

39 — Une Horloge comtoise. Style Louis XIII.

40 — Un petit Bahut en bois sculpté.

41 — Un Tableau de quatre faïences chinoises.

42 — Une Banquette en bois sculpté.

43 — Six Chaises-Escabeaux en bois sculpté.

44 — Trois Fauteuils en bois sculpté (Genre italien).

45 — Deux Statues en bois doré.

46 — Deux Crédences gothiques en bois sculpté.

47 — Un Cartel en bois sculpté.

48 — Deux Statuettes en bronze : La Lecture et l'Écriture.

49 — Une Statue en bois sculpté : Neptune.

50 — Un Groupe en bois sculpté : Biches.

51 — Deux Statues en bois sculpté formant groupe.

52 — Deux Candélabres, bronze et marbre.

53 — Deux Candélabres en fonte.

54 — Plat chinois.

55 — Trois Portières brodées soie et or.

56 — Une Jardinière bois sculpté, ornée de faïence.

57 — Un Porte-Manteau et Parapluies en noyer sculpté avec statuette.

58 — Un Escabeau en bois sculpté.

59 — Un grand Fauteuil en bois sculpté.

60 — Un Coffret avec incrustation de nacre.

61 — Un Coffret en bois sculpté.

SALLE DE BILLARD

62 — Un grand Meuble formant bibliothèque, en chêne sculpté.

63 — Un Canapé, six Coussins et quatre paires de Rideaux, étoffe orientale.

64 — Une Servante en bois sculpté.

65 — Une Commode, style Louis XIII, bois noir.

66 — Quatre Chaises, bois sculpté. Style Henri II.

67 — Six Chaises, bois sculpté, recouvertes en velours vert.

68 — Une Horloge hollandaise à carillon avec statuette en bois doré.

69 — Une Pendule squelette en verre.

70 — Un Bronze : Bonaparte au passage des Alpes.

71 — Un Bronze : Vénus de Milo.

72 — Un Bronze : Guerrier, moyen âge.

73 — Un Bronze : Buste de Marie-Antoinette.

74 — Un Billard avec marqueterie et ses accessoires.

75 — Une Suspension et sa Lampe.

76 — Un Bureau en acajou avec son Fauteuil.

77 — Deux Bustes en albâtre : Le Tasse et le Dante.

78 — Trois Vases en porcelaine décorée, Style Empire.

79 — Un Buste en marbre avec sa gaine : Arioste.

79 *bis* — Un Buste en marbre : Femme italienne, avec sa gaine.

80 — Une Statue en marbre : Femme tenant un enfant.

81 — Un Buste en biscuit : Shakespeare.

82 — Un Bronze : Guerrier portant un flambeau à électricité.

83 — Deux Médaillons en marbre : Philosophes anciens.

84 — Un Coffret mosaïque.

85 — Un Bronze : Notre-Dame de Paris.

86 — Un Guéridon incrusté de nacre : Vue de Venise.

87 — Une Table en bois sculpté, garnie de velours vert.

88 — Une Table à jeu en noyer ciré.

89 — Une Statue équestre : Toréador.

90 — Deux Statuettes en bronze : la Renommée et Mercure.

91 — Deux Aiguières et une Coupe en marbre.

92 — Une Statue en bronze : Général russe.

93 — Deux Sabres chinois, fourreaux en ivoire.

94 — Un Bronze : Mère et son Enfant.

95 — Un Groupe en bronze : Deux Guerriers.

96 — Une Statue en bronze : Charlemagne.

97 — Un Bronze : Tête de Guerrier.

98 — Un Vase en bronze.

99 — Un Groupe en bronze : Guerrier romain terrassant un Gaulois.

PETITE SALLE A MANGER

100 — Un Buffet en acajou sculpté et son marbre.

101 — Une Console en palissandre sculpté : Style Empire.

102 — Un Bahut en chêne sculpté.

103 — Une grande Armoire normande.

104 — Un Buffet en noyer, à dessus de marbre.

105 — Un Buffet en chêne sculpté, avec vitraux.

106 — Une Suspension et sa Lampe.

107 — Une Horloge en bois sculpté de la Forêt Noire.

108 — Un Bronze : Idole sur un cerf.

GRAND SALON

109 — Un Canapé, quatre Tauteuils, quatre Chaises en bois doré, style Louis XV, recouverts en satin cerise.

110 — Une Garniture de cheminée en bronze, comprenant : Une Pendule et deux Candélabres. Style Louis XV.

111 — Trois Sujets porcelaine de Saxe : la Permission de 10 heures ; Berger et Bergère.

112 — Un Bahut à deux corps, orné de marqueterie ivoire.

113 — Un Meuble à double portes, marqueterie Boule, à dessus de marbre.

114 — Deux grands Vases Louis XVI, en porcelaine décorée, genre Sèvres.

115 — Une Jardinière en faïence, montée sur bronze.

116 — Une Vitrine Louis XVI, en acajou, dessus de marbre.

117 — Une Vitrine Louis XVI, en acajou.

118 — Un Guéridon en bois doré, à dessus de marbre.

119 — Un Guéridon en onyx cloisonné, monté sur bronze.

120 — Deux Chaises recouvertes en velours brodé.

121 — Six Chaises bois noir, décorées, recouvertes de satin cerise.

122 — Un Tapis de Smyrne.

123 — Deux Bouts-de-Table en cristal.

124 — Quatre grandes Appliques en cristal.

125 — Quatre petites Appliques en cristal.

126 — Un Groupe en biscuit : Ange Gardien.

127 — Un Buste en marbre : Petite Fille.

128 — Un Buste en marbre : Mme Dubarry.

129 — Deux Groupes en marbre, d'après PUGET : l'Enfant au Chien et l'Enfant au Perroquet.

130 — Un Buste en marbre : Jeune Fille.

131 — Un Buste en marbre : Jeune Fille.

132 — Un Bronze : Ma première Culotte.

133 — Une Coupe en porcelaine montée sur bronze.

134 — Un Coffret en bronze avec mosaïque.

135 — Un Coffret en bronze ciselé : Deux Soldats jouant aux échecs.

136 — Une Coupe en bronze, montée sur bronze, socle en onyx.

137 — Deux Petites Jardinières en marbre, Style Empire.

138 — Un Buste en biscuit doré : Marie-Stuart.

139 — Un Buste en marbre : Jeune Fille italienne.

140 — Deux Vases en marbre de couleur.

141 — Un Groupe en marbre, d'après CANOVA : L'Amour et Psyché, sur pied en marbre vert sculpté.

142 — Deux Bronzes, d'après CLODION : Deux Petites Femmes.

143 — Un Dôme en carton doré : Les Invalides.

144 — Deux Candélabres en porcelaine décorée.

145 — Deux Figurines en porcelaine de Saxe.

146 — Une Coupe en porcelaine de Saxe montée sur bronze.

147 — Un Coffret en porcelaine italienne.

148 — Un Coffret en porcelaine italienne.

149 — Un Marbre : Enfant couché (Morphée).

149 *bis* — Un Marbre : Enfant couché (Bacchus).

150 — Un Buste en marbre : Jeune Fille avec un oiseau.

151 — Un Buste en marbre : Jeune Fille avec un papillon.

152 — Une Coupe en porcelaine de Sèvres montée sur bronze.

153 — Deux Sujets en Saxe : Singes musiciens.

154 — Une Coupe porcelaine de Sèvres montée sur bronze.

155 — Un petit Bateau en verre : Flacons à odeurs.

156 — Quatre Colonnes en onyx montées sur bronze.

157 — Six Colonnes en marbre formes rondes et carrées.

158 — Une Gaine en marbre blanc et bronze.

159 — Une Gaine en marbre gris.

160 — Deux Gaines en marbre griotte avec bronze.

161 — Deux Gaines en marbre blanc, filets dorés.

162 — Deux Gaines en marbre de deux tons.

163 — Deux Gaines en bronze.

164 — Une Coupe en porcelaine décorée, Style Louis XVI.

165 — Deux Vases en porcelaine de Saxe montés sur bronze.

166 — Deux Vases en porcelaine bleue décorée or, montés sur bronze.

167 — Deux Flambeaux en bronze.

168 — Une Coupe en porcelaine de Sèvres montée sur bronze.

169 — Une Pendule, signée DUPRÉ.

170 — Deux Coupes en bronze.

171 — Deux Chiens en faïence.

172 — Une petite Commode en bois de rose, dessus de marbre.

173 — Un Buste en marbre : Socrate.

174 — Un Groupe en marbre : Vache et Veau.

175 — Un Coffret incrusté d'ivoire.

176 — Deux Flambeaux, une Aiguière avec Cuvette et une Coupe en marbre et albâtre.

177 — Deux Coupes en faïence montées sur bronze.

178 — Un Coffret en porphyre.

179 — Cinq Glaces biseautées.

180 — Une Pendule Religieuse.

181 — Deux Bustes en biscuit : Louis XVI et Marie-Antoinette.

182 — Deux Coupes en bronze et ivoire.

183 — Deux Chiens en albâtre.

184 — Un Biscuit : Guerrier.

185 — Un Guéridon Louis XVI en bronze et marbre.

186 — Un Coffret orné de camées.

187 — Une Corbeille en bronze ornée de camées.

188 — Deux Colonnes Louis XVI.

189 — Trois paires de Rideaux.

190 — Un Tapis moquette.

191 — Un Brûle-Parfums en faïence.

SALON TUNISIEN

192 — Une Pendule en bronze doré et deux Candélabres.

193 — Deux Aiguières en bronze.

194 — Deux Vases en faïence décorée.

195 — Un Verre d'eau, dit cristal de roche, avec son
plateau en bronze.

196 — Une Commode, Style Louis XV.

197 — Un Bureau, Style Louis XV.

198 — Une Potiche Japonaise.

199 — Un Miroir de Venise.

200 — Une Glace arabe en bois sculpté.

201 — Deux Jardinières avec supports.

202 — Un Cabinet en bois noir incrusté d'ivoire avec
sa table.

203 — Deux Jardinières en bronze.

204 — Un Bureau arabe orné de glaces.

205 — Un Panneau persan en faïence décorée.

206 — Une Table en mosaïque.

207 — Un petit Cabinet en vieil ivoire.

208 — Un Cabinet, style Louis XIII, incrusté d'étain.

209 — Un Cabinet en bois doré sculpté.

210 — Une Table italienne en bois noir, incrustée d'ivoire.

210 *bis* — Une Chaise italienne en bois noir, incrustée d'ivoire.

211 — Un Socle de Pendule Louis XIV, marqueterie Boule.

212 — Un Guéridon en bois de rose.

213 — Une petite Commode en bois noir avec cuivres.

214 — Un Biscuit : Rossini, avec socle et sous cylindre.

215 — Deux Vitrines, Style Louis XVI.

216 — Un Panneau en vieux bois sculpté, doré.

PETIT SALON

217 — Une Garniture de cheminée comprenant : Pendule (La Musique et la Science) et deux Candélabres.

218 — Une Pendule et Candélabres décorés sur socle et sous cylindres.

219 — Deux Tables marqueterie.

220 — Une Étagère marqueterie Boule.

221 — Une Coupe en porcelaine de Chine montée sur bronze.

222 — Une Liseuse en bois noir et marbre.

223 — Une Console Louis XVI.

224 — Un petit Cabinet incrusté ivoire.

225 — Une Pendule : Notre-Dame de Paris, en bronze doré, sur socle en acajou et sous cylindre.

226 — Deux Vases en faïence décorée.

227 — Un Canapé en satin broché.

228 — Deux Fauteuils en velours.

229 — Une Étagère en bois de rose.

230 — Une Glace biseautée, avec son cadre.

231 — Une Pendule en bois noir, ornée de faïence.

231 *bis* — Une Commode Louis XVI en bois de rose.

232 — Une petite Bibliothèque en bois de rose.

233 — Un Secrétaire en bois de rose.

233 *bis* — Une Table incrustée de nacre, à dessus de marbre et bois de fer.

234 — Un Porte-Cartes en Saxe.

234 *bis* — Une Commode-Bureau, style Louis XVI, en bois de rose.

235 — Une Glace ovale biseautée.

235 *bis* — Un Porte-Cartes : Nègre.

236 — Un Tapis moquette.

GRANDE SALLE A MANGER

237 — Un Buffet, quatre Panneaux sculptés représentant les quatre Éléments.

238 — Un Guéridon en faïence décorée.

239 — Un Buffet, style gothique, en noyer ciré sculpté.

240 — Une Étagère en laque à sept compartiments.

241 — Six Chaises en bois sculpté.

242 — Un Buffet en chêne sculpté à deux vanteaux.

243 — Une petite Glace biseautée, cadre en chêne sculpté.

244 — Une Crédence-Buffet en bois sculpté.

245 — Une Servante en noyer sculpté.

246 — Un Coucou en bois sculpté.

247 — Une Table carrée en noyer, style Renaissance.

248 — Une Glace biseautée, cadre bois sculpté.

249 — Deux Porte-Bouquets en bois sculpté.

250 — Une Suspension et sa Lampe.

251 — Un Tapis de Smyrne.

252 — Un Service en Ruoltz, composé de : Théière, Cafetière, Pot au lait, Sucrier, six petites Timbales et Plateau.

253 — Deux Corbeilles à fruits, porcelaine et bronze.

254 — Un Service en métal anglais, comprenant : Plateau, Bouilloire, Théière, Cafetière, Sucrier, Pot au lait.

255 — Un Bouillon d'accouchée en porcelaine de Sèvres.

256 — Un Surtout, trois pièces en porcelaine décorée, monté sur bronze.

257 — Deux Assiettes en porcelaine à médaillon.

258 — Une Jardinière en faïence décorée.

258 *bis* — Une petite Soupière.

259 — Un Déjeuner en porcelaine de Sèvres.

260 — Deux Chenets en fer, Pelle et Pincettes.

261 — Huit Chaises en bois sculpté, recouvertes en velours d'Utrecht.

262 — Deux grands et deux petits Vases en marbre.

SALON ARABE

263 — Un Meuble, style Arabe, en bois sculpté, à deux corps.

264 — Une Table carrée, style oriental, avec tapisserie.

265 — Deux Consoles arabes.

266 — Un Pied de jardinière oriental.

270 — Un Cabinet hispano-arabe, xv° siècle.

271 — Un Meuble arabe à ogives.

272 — Une Étagère arabe, marqueterie nacre.

273 — Un Canapé, deux Fauteuils, trois Chaises, tapisseries orientales.

274 — Un Bureau arabe et son Fauteuil.

275 — Un Meuble arabe à ogives.

276 — Une Table et deux grands Tabourets incrustés de nacre.

277 — Deux Pouffs en soie brodée.

278 — Une Table basse arabe en bois sculpté.

279 — Un Support à six pieds en bois sculpté.

280 — Un Guéridon arabe incrusté de nacre.

281 — Une Table incrustée de nacre.

282 — Un petit Guéridon incrusté de nacre.

283 — Une Table arabe en nacre et ivoire.

284 — Trois Tabourets incrustés de nacre et ivoire.

285 — Un Tabouret arabe en cuivre ciselé.

286 — Un Petit Canapé arabe recouvert en satin brodé.

287 — Une petite Glace à deux vantaux arabes, incrustée de nacre.

288 — Une Chaise longue, style arabe, recouverte en soie brodée.

289 — Une Chaise longue, style arabe, recouverte en tapisserie.

290 — Un Canapé arabe, recouvert en soie brodée.

291 — Une Bibliothèque arabe incrustée de nacre et ivoire.

292 — Un Tapis arabe.

293 — Quatre Garnitures de fenêtre en étoffe arabe et Rideaux brodés.

294 — Une Portière en velours, brodée or.

295 — Une Lanterne chinoise.

296 — Un grand Panneau orné de huit émaux persans.

297 — Deux grands Vases de Chine montés bronze.

298 — Deux Vases de l'Alhambra en terre cuite.

299 — Deux Vases bronze de Chine.

300 — Trois Jardinières en cuivre.

301 — Deux Vases en bronze chinois : Oiseaux.

302 — Deux Vases Chinois en bois sculpté, incrustés de nacre et ivoire.

303 — Un Tableau chinois en étoffe brodée.

304 — Un petit Cabinet chinois incrusté de nacre.

305 — Deux Pagodes chinoises en marbre de couleur.

306 — Une Jardinière en faïence italienne.

307 — Deux Vases en bronze chinois : Oiseaux.

308 — Deux Chimères en bronze.

309 — Une Glace de Venise.

310 — Un Écran brodé monté sur bois de fer.

311 — Trois Sujets religieux chinois dorés.

312 — Deux Vases montés sur bronze avec Candélabre, fleurs de lys.

313 — Quatre Jardinières porte-bouquets chinois.

314 — Deux Jardinières en porcelaine chinoise.

315 — Une Potiche chinoise.

316 — Deux Vases en bronze chinois.

317 — Une Lanterne algérienne.

318 — Une Suspension avec sa Console.

319 — Deux Vases en faïence craquelée, fond blanc.

320 — Deux Vases hexagones en faïence chinoise.

321 — Deux Vases ronds en faïence italienne.

322 — Deux Chimères en faïence.

323 — L'Éléphant impérial avec pagode en faïence chinoise.

324 — Un Coffret incrusté de nacre.

325 — Une Soupière orientale en cuivre doré et ciselé.

326 — Un Plat chinois.

326 *bis* — Un Plat chinois.

327 — Un petit Bateau chinois.

328 — Un Plateau en cuivre ciselé.

329 — Une Table italienne incrustée d'ivoire.

330 — Un Eléphant et Pagode, bronze chinois.

331 — Une Coupe et deux Vases en porcelaine de Chine avec Candélabres montés sur bronze.

332 — Une Potiche en Satzuma.

333 — Deux Brocs flamands.

334 — Deux Bouddahs en jade.

335 — Deux Flambeaux en jade.

336 — Un Vase en Satzuma.

337 — Une Suspension et son Support.

338 — Deux Vases de Chine cloisonnés or.

339 — Un Canapé, un Tabouret et deux Chaises bois doré, recouvertes en tapisserie.

CHAMBRES A COUCHER

340 — Une Armoire à glace en pitchpin.

341 — Une Table en bois doré avec marbre.

342 — Une Armoire à glace en pitchpin.

343 — Un Lit en pitchpin avec sommier Tucker.

344 — Une Table de nuit en pitchpin.

345 — Une Armoire normande en chêne sculpté.

346 — Une Commode Louis XVI, avec son marbre.

347 — Un Bureau en acajou.

348 — Une Console à colonnes, dessus de marbre.

349 — Une Galerie à colonnes ornée de glaces et de tiroirs.

350 — Une Pendule à colonnes et marqueterie.

351 — Une Table-Toilette en pitchpin et marbre blanc.

352 — Une Table de nuit en pitchpin, dessus de marbre.

353 — Un Lit en pitchpin.

354 — Une Table en pitchpin.

355 — Une Pendule à colonne et marqueterie.

356 — Une Table de nuit en pitchpin.

357 — Une Table-Toilette en pitchpin, dessus de marbre.

358 — Un Guéridon avec son marbre.

359 — Une Armoire à glace en pitchpin.

360 — Une Armoire à glace en pitchpin.

361 — Une Armoire normande Louis XV, en chêne sculpté.

362 — Une Armoire bretonne en chêne sculpté.

363 — Une Armoire à glace en pitchpin.

364 — Un Lit en pitchpin, avec son sommier Tucker.

365 — Une Table de nuit en pitchpin.

366 — Deux Fauteuils recouverts en velours frappé.

367 — Une petite Commode, style Louis XV, en bois de rose et dessus en marbre.

368 — Une Table en pitchpin.

369 — Une Table-Toilette en pitchpin, avec marbre.

370 — Un Divan en reps, avec ses coussins.

371 — Un Fauteuil de bureau recouvert en cuir vert.

372 — Une Pendule en stuc.

373 — Deux Appliques avec glaces biseautées.

374 — Une Commode en marqueterie et cuivres.

375 — Une Boite à ouvrage en marqueterie.

376 — Un Écran en acajou, bois sculpté, broderie à la main.

377 — Un Divan recouvert en cretonne, avec ses coussins.

378 — Une Table à jeu en acajou, avec cuivres.

379 — Une Commode en bois de rose Louis XVI, dessus de marbre.

380 — Une petite Commode avec son marbre.

381 — Une Glace biseautée.

382 — Une Vitrine en bois de rose, avec marbre.

383 — Une Table-Toilette recouverte en cretonne, avec glace.

384 — Une Étagère en bois noir avec faïence décorée.

385 — Un Guéridon en bois noir, avec tête de chien.

386 — Une petite Commode en bois de rose Louis XVI, avec marbre.

387 — Une Pendule en stuc.

388 — Une Glace encadrée.

389 — Deux Fauteuils recouverts en velours.

390 — Une Table-Toilette en pitchpin, avec marbre.

391 — Une Table en pitchpin.

392 — Un Coffret Louis XIII.

393 — Une Commode Louis XVI en acajou, avec cuivre et marbre.

394 — Une Commode Empire en acajou, avec cuivre et marbre.

395 — Une petite Commode Louis XVI.

396 — Une Psyché en acajou.

397 — Une Table en pitchpin.

398 — Une Table-Toilette en acajou, avec glace psyché.

399 — Une Étagère palissandre.

400 — Un Guéridon acajou, dessus marbre.

401 — Une Table en chêne.

402 — Un petit Cabinet, style Louis XIII, bois noir incrusté ivoire.

403 — Une Chaise longue recouverte en laine rouge.

404 — Une Vitrine en bois sculpté.

405 — Une Armoire normande.

406 — Un Coucou flamand en bois sculpté.

407 — Une Commode Louis XVI, dessus de marbre.

408 — Une Armoire à glace en pitchpin.

409 — Une Toilette-Commode en pitchpin.

410 — Une Armoire en chêne.

411 — Une Commode en noyer, dessus en marbre.

412 — Un Lit en pitchpin, avec sommier Tucker.

413 — Sous ce numéro, plusieurs Lits de fer avec leur Sommier.

414 — Une Table en pitchpin.

415 — Un Lit en pitchpin avec sommier Tucker.

416 — Une Table de nuit pitchpin avec dessus marbre.

417 — Un Lit en pitchpin avec sommier Tucker.

418 — Une Commode en noyer avec dessus marbre.

419 — Un Lit en pitchpin avec sommier Tucker.

420 — Une Table-Toilette avec dessus de marbre.

421 — Une Table de nuit en pitchpin avec dessus de marbre.

422 — Une Table de nuit en pitchpin avec dessus de marbre.

423 — Deux Chaises en bois sculpté recouvertes en broché.

424 — Une Commode Empire et sa Console.

425 — Un Lit en pitchpin avec son sommier Tucker.

426 — Un Canapé, deux Fauteuils, deux Chaises en bois noir recouverts en satin bleu et bande de peluche.

427 — Une Table en palissandre à deux battants.

428 — Une Table en pitchpin.

429 — Une Pendule à colonnes marqueterie.

430 — Un Piano carré. (PLEYEL.)

431 — Une Commode en noyer Empire.

432 — Un grand Landau avec ses harnais.

433 — Un Cab.

434 — Une Pompe pour jardinage, foulante et aspirante.

435 — Sous ce numéro : Tables, Bancs et Chaises de jardin en fer et fonte

436 — Sous ce numéro : Plusieurs Orangers.

437 — Un Buffet en chêne.

438 — Un Buffet en chêne.

439 — Une grande Armoire en chêne.

440 — Une grande Armoire en bois de frêne.

441 — Un Marbre : Enfant couché.

442 — Une Table ronde en bois sculpté.

443 — Une Cave à liqueurs.

444 — Un Brasero.

445 — Une Armoire en chêne.

446 — Un Buffet en chêne.

447 — Un Tableau-Horloge en musique.

448 — Une Table ronde en acajou.

449 — Une Table avec dessus de marbre.

450 — Six Chaises en bois sculpté, cannées.

451 — Un Buffet-Étagère.

452 — Deux Fauteuils en bois sculpté, en acajou.

453 — Une Table ronde en acajou.

454 — Une Étoffe brodée.

455 — Une Étoffe brodée argent.

456 — Deux Panneaux en marbre mosaïque : Fruits et Fleurs encadrés.

457 — Une Boite à jeux en bronze incrusté ivoire.

458 — Un Lustre en bronze et cristal.

459 — Une Table, style Louis XVI, acajou et bronze.

460 — Une Étagère en bois doré et décoré.

461 — Un Vase en porcelaine avec bronze.

462 — Un Bronze chinois brûle-parfums.

463 — Deux Biscuits : Le Printemps et l'Automne.

464 — Un Biscuit : La Fuite en Egypte.

465 — Un Biscuit : Léda.

466 — Deux Porcelaines de Saxe : Contes de Perrault.

467 — Deux Porcelaines de Saxe : La Marchande et la Boulangère.

468 — Trois Porcelaines de Saxe : Un Seigneur, un Galant et une Soubrette.

469 — Une Porcelaine : La Danse.

470 — Deux Vases en bronze chinois.

MINIATURES

471 — Neuf Montres anciennes en or et en argent.

472 — Quatorze Portraits divers.

473 — Dix-sept Médaillons, Gouache, Peinture, Dessin et Gravure.

474 — Environ soixante Plats et Assiettes de Chine, Hollande, Japon, etc.

TABLEAUX ANCIENS

475 — Un Tableau italien : Une Sainte Famille.

476 — Un Tableau, Ecole Espagnole : Un Martyr.

477 — Deux Tableaux, Ecole Hollandaise : Marine.

478 — Deux Tableaux : Sujets mythologiques.

479 — Un Tableau, Copie d'après LESUEUR : Vierge.

480 — Un Tableau de JUVENEL : Un Baptême.

481 — Un Tableau, Ecole Espagnole : Mise au Tombeau.

482 — Un Tableau, Ecole Espagnole : Vierge à l'œillet.

483 — Un Tableau, d'après NATTIER : La Toilette.

484 — Un Tableau, Portrait par DROUAIS (François-Hubert.)

485 — Un Tableau, Ecole Italienne : Tête de Femme.

486 — Un Tableau, Ecole Flamande : Saint Jérôme.

487 — Un Tableau, Ecole Italienne : Sainte Madeleine.

TABLEAUX MODERNES

488 — Un Tableau de HAYON (Louis) : La Récolte des pommes de terre.

489 — Un Tableau de GANGLOFF : Sous la Tonnelle.

490 — Un Tableau de MARTEAU : Pêcheurs.

491 — Un Tableau de DUMOND : Un Dégusteur sous Louis XIII.

492 — Un Tableau de NEYVELS : Deux Soldats buvant.

493 — Un Tableau de B. DELAROCHE : La Présentation.

494 — Un Tableau de Mihaly MIRELLI. : Marché aux fleurs.

495 — Un Tableau de FAUCHER : Napoléon et son État-Major.

496 — Un Tableau, d'après Georgina SWAYNE : Le Duel.

497 — Un Pastel de Octave ROSSIGNET : Jeune Fille et son Agneau.

498 — Un Pastel sur porcelaine, signé BIGOT.

499 — Une Aquarelle : Bouquet de Fleurs.

500 — Un Tableau d'après TÉNIERS : Fête villageoise.

501 — Un Tableau sur porcelaine, signé BIGOT.

502 — Un Tableau sur porcelaine, signé BIGOT.

503 — Un Tableau de RICARD : Pêcheuses.

504 — Un Tableau sur porcelaine, signé BIGOT.

505 — Un Tableau de GUILLEMET : Coq et Poules.

506 — Un Tableau de P. VERTIN : Un Pêcheur.

507 — Un Tableau de P. VERTIN : Pêcheuse de Crevettes.

508 — Un Tableau sur porcelaine, signé BIGOT.

509 — Un Tableau sur porcelaine, signé BIGOT.

510 — Un Tableau sur porcelaine, signé BIGOT.

511 — Un Tableau sur porcelaine, signé BIGOT.

512 — Deux petits Portraits en marbre, encadrés.

513 — Un Tableau de Paul-Émile SOLVET : Duguesclin.

514 — Un Tableau, École Italienne : Samson et Dalila.

515 — Un Tableau, École Italienne : Un Temple romain.

516 — Un Tableau. d'après GRANET : Intérieur d'un couvent.

5i7 — Un Tableau, d'après Wenyx : Nature morte.

5i8 — Un Tableau de Zacharie Notterman : Deux Chiens.

5i9 — Un Tableau L.-M. Petit : Une Laitière hollandaise.

52o — Un Tableau : Venise.

52i — Un Tableau, Foneche : Marine.

522 — Un Tableau : Les Adieux de Télémaque.

523 — Environ quarante Gravures encadrées.

524 — Sous ce numéro seront vendus les objets qui n'ont pas été catalogués.

IMPRIMERIE MAULDE, DOUMENC ET Cie

144, RUE DE RIVOLI. — PARIS